U0031308

秦朝簡史

秦朝簡史

翦伯贊 著

中和出版
OPEN PAGE

出版緣起

我們推出的這套「大家歷史小叢書」，由著名學者或專家撰寫，內容既精專、又通俗易懂，其中不少名家名作堪稱經典。

本叢書所選編的書目中既有斷代史，又有歷代典型人物、文化成就、重要事件，也包括與歷史有關的理論、民俗等話題。希望透過主幹與枝葉，共同呈現一個較為豐富的中國歷史面目，以饗讀者。因部分著作成書較早，作者行文用語具時代特徵，我們尊重及保持其原有風貌，不做現代漢語的規範化統一。

中和編輯部

目錄

第一節　秦的先世及其統一

公元前二二一年，中國的歷史進入了秦代。

秦王朝的歷史很短，自統一迄於滅亡，只有十五年（前二二一——前二〇七）。

秦王朝雖然像紙炮一聲，轟然而滅，但它結束了春秋戰國以來封建諸侯長期割據的局面，在中國史上開創了一個中央集權的封建專制主義的新的歷史時代。

秦王朝已經消逝的遙遠的古代，它的最繁華的城市，最富麗的宮殿，早已付於蔓草荒煙，只有舉世聞名的萬里長城還留下一些斷垣殘跡，在兩千年後，閃出它的歷史光輝。至於秦的歷史的最古之部，留下來的更少，只有一些國王的名字飄浮於神話與傳說的雲霧之中。司馬遷在他所寫的《史記．秦本紀》中，關於秦的古史，也只是神話與傳說的集成而已。

雖然如此，根據神話與傳說，仍然可以把秦的歷史追溯到最遙遠的古代。《史記．秦本紀》謂秦的始祖母女修吞玄鳥卵生子大業，大業是秦的始祖。又說秦的遠祖大廉，「實鳥俗氏」。「大廉玄孫曰孟戲中衍，鳥身人言。」這些神話傳說，反映出秦在遠古時代是一個以玄鳥為圖騰的氏族部落。

根據《史記．秦本紀》的記載，這個以玄鳥為圖騰的氏族部落，原來是居住在古代中國的西垂。一直到西周時期，秦的先世，還是轉徙於隴坻以西，今日甘肅境內。春秋時期，開始由甘肅東徙，進入陝西西北汧、渭兩河流域之間。到戰國時，才奠都於渭水下游的咸陽。從秦的先世的遷徙之跡看來，秦是來自古代中國西垂的一個部落。①

傳說和考古發現都證明渭水上游一帶肥美的河谷，從古以來，就有許多遊牧部落在這裡活動。他們說着與黃河中游和下游的古代居民不同的語言，保持着不同的生活方式和風俗習慣。這些部落就是中國古史上所說的西戎。②很多資料證明秦是屬於西戎的一個部族。一直到商鞅變法以前，秦人的風俗習慣，與西戎無別。③

由於渭水上游的自然條件和秦人的低級生產水平，畜牧在秦人的古代經濟生活中，長期地佔着支配地位。《史記．秦本紀》謂秦的遠祖大費曾「與禹平水土」。又曾「佐舜調馴鳥獸，鳥獸多馴服」。以此賜姓嬴氏。直到殷商時代，秦的遠祖還是一些遊牧於渭水上游的粗野的牧人。這些牧人和殷代奴隸制國家曾經發生過隸屬關係。《史記．秦本紀》謂秦的遠祖「費昌，當夏桀之時，去夏歸商，為湯御，以敗桀於鳴條」。又謂費昌的後裔中衍曾為帝太戊御。自太戊以下，中衍之後世代有功於殷，遂為諸侯。直到殷末，秦的遠祖蜚廉和惡來「父子俱以材力事殷紂」。

周人克殷，秦人又役屬於周。《史記．秦本紀》謂秦的遠祖孟增、造父、非子等都做過周天子的臣屬。孟增曾「幸於周成王」。「造父以善御幸於周繆王」，為周繆王這個在傳説中被描寫為周遊過古代世界的君王，趕着神奇的馬車，「長驅歸周，一日千里以救亂」。造父以此被封於趙城，造父之族，「由此為趙氏」。非子曾為周孝王「主馬於汧渭之間，馬大蕃息」。孝王以此「分土為附庸，邑之秦……號曰秦嬴」。

周厲王時，「西戎反王室」，[4]並侵佔秦的犬丘。為了保衛周人在渭水流域的農業居民不遭受遊牧民族的破壞，周宣王對西戎諸部落發動了一連串的戰爭。在這些戰爭中，秦人和周人是站在一邊的。《史記．秦本記》謂周宣王「以秦仲為大夫，誅西戎。西戎殺秦仲」。又謂周宣王召秦仲之子莊公昆弟五人，「與兵七千人，使伐西戎」。莊公破走西戎，收復了犬丘，周封他為西垂大夫。

公元前七世紀初，西戎犬戎與申侯伐周，打到酈山下，殺死了周幽王這個在傳說中被描寫為迷戀於一個美麗的妃子褒姒而以點燃烽火為遊戲的君王。在這個戰爭中，「秦襄公將兵救周，戰甚力，有功」。周避犬戎難，東徙雒邑，襄公又以兵送周平王。平王以此封襄公為諸侯，賜之岐以西之地，「襄公於是始國，與諸侯通聘享之禮」。

岐以西是周人文化搖籃之地，這裡有周的餘民，他們已經掌握了農業生產技術。秦人佔領岐西以後，很快就由遊牧生活轉向定居的農耕生活。史載秦文公（前七六五—前七一六在位）卜居汧渭之會，「即營邑之」。又載文公十三年，「初有史以紀事」。文公二十年，「法初有三族之罪」。這些記載說明了秦至文公時，即在周室東遷以後，已經開始經營城邑，並且有了文字和最初的法律。顯然，當時的秦人已經走進了歷史上文明時代的入口。

春秋時期是秦從一個遊牧部落發展成為一個強大的封建國家的時期。

在春秋初將近一個世紀的時期中，秦國的國君們繼續擴大他們的勢力。在不斷的戰爭中，秦國併吞了它附近的一些部落。史載秦寧公（前七一五—前七〇三在位）伐蕩社，與亳戰。秦武公（前六九七—前六七七在位）伐彭戲氏，又伐絡戎、翼戎，滅杜，滅鄭，滅小虢，把這些部落的土地變成自己的縣。

跟着軍事的進展，秦國的都城不斷遷徙。秦文公居汧渭之會，秦寧公遷居平陽，到秦德公時（前六七七—前六七五）又徙居雍城。不到一百年，遷都三次。秦武公時，秦國的軍隊已經出現在華山之下。到秦德公徙居雍城以後，便「以犧三百牢祠鄜畤」，舉行了豪奢的祭祀，並且表示了他對於黃河流域的願望。⑤

正當秦國向東發展的時候，強大的晉國也在向南發展，滅虢滅虞，佔領了今日山西平陸、河南三門峽一帶的土地，堵住了秦國東進的道路，因而秦晉的衝突就排上了歷史的日程。

在秦國傑出的國君秦繆公統治的三十九年中（前六五九—前六二〇），秦晉之間發生了不斷的戰爭。在公元前六四五年的一次戰役中，秦國在韓的地方（今陝西韓城縣境內＊）打敗了晉國，俘虜了晉國國君惠公夷吾，迫使晉國割讓黃河以西大片的土地，把秦國的國界向東推到黃河的邊沿。在此後的二十幾年中，秦國的勢力繼續東進，並曾越過周境遠侵鄭國。雖然在侵鄭之役的歸途中，秦軍在韓一個狹小的山谷中，遇到了晉軍的奇襲，以致全軍覆沒；但在不久以後，秦國的軍隊又渡過黃河，侵入了晉國西南河東地區。

為了壓服諸戎，並從而鞏固自己的後方，秦繆公又發動了進攻西戎的戰爭。在這個戰爭中，秦國「益國十二，開地千里」，從此秦國在西戎諸部落中鞏固地樹立了自己的霸權。⑥

秦繆公在勝利中死去了。在他的繼承人秦康公的統治時期（前六二〇——前六〇八），秦、晉之間仍有頻繁的戰爭。康公以後，楚國強大起來。楚莊王壓服了鄭國，北敗晉軍於河上，成為晉國嚴重的威脅。以後，晉國的幾個貴族集團，即所謂六卿，發生了內哄。因而在春秋末葉很長一個時期中，秦晉之間基本上處於休戰狀態。

戰國時期是秦國從一個被視為半開化的國家發展成為一個統一全國的封建專制主義國家的時期。

戰國初期，歷史形勢有了變化。這時強大的晉國已經被它的最大的貴族世家分裂為韓趙魏三個國家；但它們並沒有因為分裂而遭到削弱，反而因為各自進行了一些政治改革而強大起來，其中最強大的是魏國。當時的秦國則以「數易君，君臣乖亂」。自厲共公（前四七六—前四二二在位）以後的半個世紀中，換了六個國君，其中懷公是大臣發動政變被迫自殺的；出子及其母是被大臣殺害的。由於秦國內部紛亂，魏國乘機奪取了秦國的河西之地。到獻公時（前三八四—前三六一），秦國結束了內部的紛亂，徙都櫟陽，才開始向魏國反攻。獻公二十一年（前三六四），與魏國戰於石門（今陝西三原縣），斬首六萬。二十三年

（前三六二），又在少梁的戰役中，打敗了魏軍。

秦國的更加強大，是從秦孝公時（前三六一—前三三八）開始的。秦孝公面臨的形勢，司馬遷曾做過概括的敘述。他說：「孝公元年，河山以東強國六，與齊威、楚宣、魏惠、燕悼、韓哀、趙成侯。並淮、泗之間小國十餘。楚、魏與秦接界。魏築長城，自鄭濱洛以北，有上郡。楚自漢中，南有巴、黔中。周室微，諸侯力政，爭相併。」顯然這是中原諸國為了爭奪霸權而展開的一個大混戰的局面。

在中原諸國中，魏國最為強大，它已經從楚國手中奪取了黃河以南的大片土地。在秦孝公即位的那年，魏國遷都大梁（今河南開封），把魯、衛等小國放在它的控制之下。但是魏國面臨着齊楚兩個強大的鄰人，同時和韓、趙也有矛盾。它的每一個加強自己的行動都會引起戰爭，或者說只有用戰爭的手段才能加強自己，因而魏國就把自己陷入日益加劇的相互混戰之中。這種形勢對秦國是有利的，它可以在中原諸國的混戰中選擇最有利的機會，去進攻那些在混戰中受了傷的國家，特別是魏國。

比歷史形勢更重要的是衛鞅在秦國內部實行的政治、經濟和軍事等方面的改革，特別是土地改革。他廢除了周人留下來的封建貴族世襲的土地所有制，也摧毀了西戎諸部落的土地公社所有制，實行了土地的私人所有制，這一改革就替秦國封建經濟的進一步發展開闢了道路。⑦

秦國的政治經濟的改革，保證了它在軍事上的優勢。在秦孝公統治時期，秦國利用中原諸國混戰的機會，攻佔了魏國不少的土地。並曾一度強渡黃河，圍攻魏的安邑。孝公十二年（前三五〇），秦國遷都咸陽。以後連續發動對魏國的進攻。秦孝公二十二年（前三四〇）在衛鞅指揮的一次戰役中，秦國把魏國打得大敗，衛鞅以功受封為商君。兩年以後，秦國又在岸門的戰役中，大敗魏軍。

秦孝公把他的國家鞏固地安放在新的歷史基礎之上以後死去。在他以後的幾個秦國國王，惠文王、武王、昭襄王，繼續了和中原諸國的鬥爭。在惠文王統治秦國的二十七年中（前三三七—前三一一），秦國以壓倒的軍事威力，迫使魏國一再割讓自己的土地，以緩和秦國的攻勢。惠文王六年（前三三二），秦國迫使魏國割讓陰晉（今陝西華陰縣）。八年（前三三〇），又大敗魏軍於雕陰（今陝西富縣北），迫使魏國獻出河西。九年，秦國的軍隊渡過黃河，佔領了魏國河曲東部的土地。十年，秦國又攻佔魏國的蒲陽（今山西永濟縣北），迫使魏國獻出上郡十五縣。從此秦國就把魏國的勢力從今日陝西境內全部趕了出去，並把黃河天險變成了自己前進中的戰壕。到了惠文王後元十一年（前三一四），秦國的軍隊便出現在黃河中游，在岸門（今河南許昌市西北）

的戰役中，大敗韓軍。

秦國不僅在中原地區顯示了它的威力，惠文王後元九年，秦國的另一支軍隊又出現在四川。這支軍隊在司馬錯指揮之下，先後覆滅了蜀國、苴國和巴國，佔領了今日四川的大部分土地，從此秦國的勢力遠遠地伸入中國的西南。惠文王後元十三年（前三一二），秦國又攻佔楚的漢中之地六百里，在漢水上游建立了它南進的陣地。

秦惠文王死，武王繼立。這位國王曾對他的丞相甘茂説：「寡人欲容車通三川，以窺周室，而寡人死不朽矣。」[8]但秦武王並沒有實現他的願望，在即位的第二年就因舉鼎絕臏，抱恨而死。

秦武王死，昭襄王繼立。在昭襄王統治秦國的五十六年中（前三〇六—前二五一），是秦國以不可抗拒的威力掃蕩中原諸國的時期。

在昭襄王時，秦國的軍事攻勢，首先還是指向韓、魏。昭襄王十四年（前二九三），秦將白起大敗韓魏聯軍於伊闕，聯軍死者二十四萬餘人。以後又接連向韓、魏進攻，到昭襄王十七年（前二九〇），秦國迫使韓國割讓武遂二百里之地，魏也被迫獻出了河東西百里之地。從昭襄王三十一年（前二七六）以後的二十幾年中，韓、魏兩國幾乎每年都遭受秦國的軍事進攻。秦國對韓、魏的戰爭帶有毀滅性。《戰國策·魏策三》説到魏國在戰爭中遭到損失云：「秦十攻魏，五入國中，邊城盡拔，文台墮，垂都焚，林木伐，麋鹿盡，而國繼以圍。又長驅梁北，東至陶衛之郊，北至乎闞，所亡乎秦者，山北、河外、河內，大縣數百，名都數十。」和魏國一樣，韓國遭受的破壞也是慘重的。《戰國策·秦策四》云：「韓、魏父子兄弟接踵而死於秦者百世矣。本國殘，社稷壞，宗廟隳，刳腹折頤，首身分離，暴骨草澤，頭顱僵仆，相望於境。父子老弱繫虜，相隨於路，鬼神狐祥無所食，百姓不聊生。族類離散，流亡為臣妾，滿海內矣。」《戰國策·燕策二》也說：「龍賈之戰，岸門之戰，封陸之戰，高商之戰，趙莊之戰，秦之所殺三晉之民數百萬。今其生者，皆死秦之孤也。」《戰國策》上的記載，可能有些誇張，但韓、魏兩國的殘破是慘重的。這種殘破，已經使他們喪失了抵抗的能力；它們只能一次又一次地割讓自己的土地、城邑來換取暫時的屈辱的生存。

在壓服了韓魏以後，秦國的矛頭便轉向楚國。為了進攻楚國，秦國派張儀出使楚國，通過楚懷王的大臣靳尚和他寵愛的妃子鄭袖，用賄賂和離間的手段，拆散了齊楚聯盟，使楚國閉關絕齊，孤立自己。昭襄王八年（前二九九），秦國又用欺騙的手段，引誘楚懷王入秦。楚懷王囚於秦三年，死於秦。以後，秦便對楚國發動一連串的軍事進攻。昭襄王二十七年（前二八〇），秦使司馬錯發隴西兵，因蜀攻楚黔中。二十八年，又使白起取楚之鄢、鄧、西陵。二十九年，秦軍攻陷了楚的郢都，又東攻竟陵，南略洞庭湖沿湖之地，迫使楚國退保於陳。楚從此一蹶不振，以後遷都壽春，苟延殘喘。

削弱了楚國以後，秦國的攻勢就轉向趙國。趙在武靈王時，就以胡服騎射教百姓，它和秦國一樣，是一個擁有強大騎射部隊的強國，⑨它是秦國的勁敵。公元前二九六年，趙國滅了中山，以後又北擊林胡、樓煩，拓地至漠南。《史記．蘇秦列傳》云：「當今之時，山東之建國，莫強於趙。趙地方二千餘里，帶甲數十萬，車千乘，騎萬匹，粟支數年。」但自韓、魏削弱以後，趙國就面臨着可怕的危險。昭襄王三十七年（前二七〇），秦國果然越過韓、魏去進攻趙國。但是在這個戰爭中，秦國遇到了真正的抵抗。趙將趙奢迎擊秦軍，使秦國遭遇到從來未有的慘敗。昭襄王四十五年（前二六二），秦國攻取韓的野王，把韓的上黨郡和韓的本土切斷。韓桓惠王想獻上黨郡求和，而上黨郡守不從，求援於趙。趙派廉頗援韓，與秦將白起、王齕相拒於長平，於是展開了戰國時期從來未有的大戰。戰爭持續了三年不分勝負，後來趙國中了秦國的反間之計，罷免廉頗，以趙括為將，因此趙國大敗。在這次戰役中，秦軍坑趙降卒四十餘萬人，趙國的主力軍幾乎全部被殲滅。

昭襄王四十八年（前二五九），秦國全部攻佔了韓的上黨郡和趙的太原郡，又圍攻趙的都城邯鄲。五十年（前二五七），楚魏救趙。魏將晉鄙率軍十萬駐守湯陰，畏秦不敢前進。魏相信陵君無忌擊殺晉鄙，奪晉鄙軍攻秦。同時楚春申君黃歇也派景陽率軍救趙，擊敗秦軍，迫使秦軍從趙的邯鄲和魏的河東撤退。這是秦國在進攻趙國的戰爭中又一次大敗。但是到了秦莊襄王三年（前二四七），秦國又全部攻佔了韓的上黨和趙的晉陽，從此趙國就不是秦的敵手。

剩下來的是齊國和燕國。齊國在昭襄王二十一年（前二八六）滅宋，佔有宋國的淮北之地，曾經一度強大。但卻因它的強大，威脅了韓、魏、趙，也引起秦、燕的不安。二十三年（前二八四）這幾個國家聯兵攻齊，齊國被燕將樂毅打得大敗，燕軍攻入齊都臨淄，以後又連陷齊七十餘城，齊緡王奔莒，齊國幾乎滅亡。後來齊將田單收復了失地，但齊國從此衰弱。燕國也在這個戰爭中削弱了自己。

秦國的強大和它愈來愈嚴重的軍事進攻，不僅使鄰近它的韓魏感到致命的威脅，其他中原諸國也看到了共同的危險。它們不止一次結成政治的和軍事的聯盟，共同反對秦國。惠施、公孫衍、田文、蘇秦等先後組織了三國或五國的合縱，反擊秦國。但是由於中原諸國相互之間的矛盾超過了它們的利害一致性，因而它們的聯盟不能鞏固。在秦國威脅最嚴重的時候，它們結成了聯盟。當這種危險因為它的聯盟而減輕的時候，便縱約俱解。即使在危險最嚴重的時候，也沒有一個國家願意承擔反擊秦國的先鋒任務，而是把戰爭的災難轉移到鄰人的身上，甚至還要在鄰人的災難中去尋找廉價的利益。在另一方面，只要是中原諸國合縱的局面形成，秦國就用盡一切的政治手段，去拆散它們的聯盟，把強有力的國家拉到自己的方面，組成以秦國為首的連橫，用這樣的方法孤立它要打擊的那個國家，張儀就是在連橫運動中最成功的活動家。由於這樣的原因，中原諸國的聯盟總是以失敗告終，結果還是被秦國各個擊破。

昭襄王五十一年（前二五六）秦國敲響了中國封建領主制的喪鐘，被中原諸國當作最高封建領主的西周君被迫把屬於它的三十個邑和三萬人口全部獻給秦國。莊襄王元年（前二四九）秦滅東周。作為最高封建領主的象徵的聖物九鼎在自己的位置上移動了，據說其中之八，作為勝利品搬到秦國，其一飛入泗水自沉了。

到秦王政即位之年（前二四六），秦國已經擁有廣闊的領土。《史記·秦始皇本紀》云：「當是之時，秦地已併巴、蜀、漢中，越宛有郢，置南郡矣；北收上郡以東，有河東、太原、上黨郡；東至滎陽，滅二周，置三川郡。」顯然這時的秦國已經把自己提升到當時中國境內各封建國家的首位。當時的中原諸國則正如盛開之花，臨於萎謝。而秦則如暴風雷雨，閃擊韓、趙、魏、楚、燕、齊六國。[10]到公元前二二一年，秦國就在六國的廢墟上，建立起一個統一的中央集權的封建專制主義的帝國。

注釋：

① 秦之先世究居何地，事屬遠古，書缺無徵。《史記·秦本紀》但云秦之先居

西垂。如云：中潏「在西戎，保西垂」。又云：「申侯乃言孝王曰：昔我先酈山之女，為戎胥軒妻，生中潏，以親故歸周，保西垂，西垂以其故和睦。」又云莊公「為西垂大夫」。《史記·封禪書》謂「秦襄公既侯，居西垂」。以上所謂「西垂」即西部邊陲之意，大概指今甘肅東部一帶而言。又《本紀》謂「文公元年，居西垂宮」。此所謂「西垂宮」意指建築在西垂之宮室，並非另為一地也。

② 《左傳》襄公十四年《傳》記戎子駒支之言曰：「我諸戎，飲食、衣服，不與華同，贄幣不通，言語不達，何惡之能為。」這段話很明顯地說明了華、戎生活方式不同，言語不通。又《鹽鐵論·相刺篇》謂「戎人由余，待譯而後通」。《史記·秦本紀》亦云：「由余，其先晉人也，亡入戎，能晉言。」《本紀》所載與《鹽鐵論》不同，但也說明戎人不能晉言。

③ 《史記·秦本紀》記申侯之言曰：「昔我先酈山之女，為戎胥軒妻，生中潏。」胥軒乃秦之遠祖，稱胥軒為戎胥軒，是以秦為戎也。酈山之女，即酈戎之女，為胥軒妻，是秦之母系亦為戎族。又《管子·小匡篇》謂桓公西征，「而

秦戎始從」。亦稱秦為秦戎。此外，《春秋·公羊傳》昭公五年《傳》云：「秦者，夷也。」《春秋·穀梁傳》僖公三十三年《傳》云：「狄，秦也。」《戰國策·魏策》及《史記·魏世家》，均謂「秦與戎翟同俗」。《史記·商君列傳》引商君之言曰：「始，秦戎翟之教，父子無別，同室而居。今我更制其教。」這些史料都說明秦屬於西戎的一個部落。

④《史記·秦本紀》。以下引《秦本紀》均不再注。

⑤《史記·封禪書》：「秦德公既立，卜居雍：『後子孫飲馬於河。』遂都雍。」

⑥《史記·秦本紀》曰：「秦用由余謀，伐戎王，益國十二，開地千里，遂霸西戎。」

⑦《史記·秦本紀》：孝公十二年，「為田開阡陌」。《蔡澤列傳》：蔡澤曰：商鞅為秦孝公「決裂阡陌」。《漢書·食貨志》：秦「用商鞅之法，改帝王之制，除井田，民得賣買，富者田連仟伯（阡陌），貧者亡立錐之地」。

⑧《史記·甘茂列傳》。

⑨ 戰國時，燕、趙、魏、楚等國皆有騎兵，秦、楚、趙各有騎萬匹，魏有騎五千，燕有騎六千。《戰國策．楚策一》云：「蒲反、平陽，相去百里，秦人一夜而襲之，安邑不知。新城、上梁，相去五百里，秦人一夜而襲之，上梁亦不知也。」又《漢書．灌嬰傳》：「漢王乃擇軍中可為車騎將者，皆推故秦騎士重泉人李必、駱甲習騎兵。」可知秦之騎士是受過最好的訓練的。

⑩ 秦王政十七年（前二三〇），秦將內史騰滅韓，虜韓王安，以其地為潁川郡。十九年，秦將王翦、羌瘣滅趙，虜趙王遷。二十二年，秦將王賁滅魏，魏王假降。二十四年，秦將王翦滅楚，虜楚王負芻。二十五年，秦將王賁滅燕，虜燕王喜（又滅代，虜代王嘉）。二十六年（前二二一），秦將王賁滅齊，虜齊王建。

＊ 編者注：本書中解釋古地名皆用寫作時行政區劃名稱，為體現行政區劃的建制沿革，保持原文，不依現在行政區劃妄改。

第二節　秦王朝統治時期的國內諸部族

出現在秦王朝周圍的部族很多，主要的有匈奴、東胡、西戎、氐、羌、蜀、蠻、濮和百越等族。當秦王朝統治中國的時期，這些部族大半都處於歷史上的原始公社制階段，有些也走到了階級社會的邊緣。

秦王朝最強大的鄰人是匈奴，匈奴是屬於北狄的一個部落。北狄和中原地區的古代居民很早就發生了接觸，早在殷周時期，北狄中的某些部落就以鬼方、熏鬻、嚴允等名稱，出現於中國歷史。春秋時期分化為很多部落，分佈於蒙古草原的中部和西部，山西、陝西的北部，西至甘肅境內。據《史記．匈奴列傳》記載：當時「居於河西圁洛之間，號曰赤翟、白翟」。「自隴以西，有綿諸、緄戎、翟豲之戎，岐、梁山、涇、漆之北，有義渠、大荔、烏氏、朐衍之戎，而晉北有林胡、樓煩之戎，燕北有東胡山戎。」他們「各分散居溪谷，自有君長，往往而聚者百有餘戎，然莫能相一」。

公元前六世紀中葉，北狄中的赤狄、白狄進入汾河流域，其另一部落長狄進入山東半島的西部，以後這些狄人深入河北平原，伐邢，滅溫，侵衛，侵齊，並渡過黃河侵鄭，侵宋，成為這裡古代居民嚴重的威脅。

進入中原地區的狄人部落，有一部分後來在河北平原北部建立了一個中山國。在山西境內的則大部分被晉國壓服，和當地的古代居民同化了。

戰國時期，秦、趙、燕等國日益強大，又征服了靠近它們西北邊境的許多狄人部落。據《史記．匈奴列傳》載，秦自宣太后起兵滅義渠，「於是秦有隴西、北地、上郡，築長城以拒胡」。趙國的「武靈王亦變俗胡服，習騎射，北破林胡、樓煩，築長城，自代並陰山下，至高闕為塞」。「燕亦築長城，自造陽至襄平，置上谷、漁陽、右北平、遼西、遼東郡，以拒胡。」

匈奴的名字首見於中國史籍，是在秦惠文王後元七年（前三一八）。《史記．秦本紀》載，這一年，「韓、趙、魏、燕、齊帥匈奴共攻秦」。這時的匈奴已經是一個強勁的部落。秦昭襄王時期，匈奴愈來愈強大，成為秦趙兩國北方的威脅。《史記．秦本紀》謂秦昭襄王親自到上郡、北河去檢閱他北邊的防線。《史記．李牧列傳》也記載趙國曾派李牧帥車「千三百乘」，騎「萬三千匹，百金之士五萬人，彀者十萬人」，北擊匈奴，大破匈奴十餘萬騎。在這次戰爭後，有一個時期，匈奴不敢入趙地。但以後由於秦、趙等國轉入中原混戰，匈奴又乘機突破了秦、趙的防線，越過陰山，渡過黃河，佔領了當時的河南地（今鄂爾多斯草原）。所以秦始皇滅六國之後，立即派蒙恬北擊胡。《史記·蒙恬列傳》謂：「秦已併天下，乃使蒙恬將三十萬眾北逐戎狄，收河南。」《史記·秦始皇本紀》亦謂：蒙恬「北擊胡，略取河南地」。又謂：「（秦）西北斥逐匈奴，自榆中並河以東，屬之陰山，以為三十四縣。城河上為塞。又使蒙恬渡河，取高闕、陶山、北假中，築亭障以逐戎人。」這些記載說明了匈奴在秦統一中國以前，已經是秦的一個可怕的鄰人。

匈奴鄰近燕、趙、秦，比其他北狄部落有更多的機會接觸中原的封建文化，在經常的商業交換和頻繁的戰爭中，加速了這個部落中的某些氏族的財富積累，助長了它們私有財產的發展。《史記·匈奴列傳》謂匈奴人「斬首虜，賜一卮酒，而所得鹵獲，因以予之」。又謂：「戰而扶輿死者，盡得死者家財。」這些史料說明了戰爭是匈奴人發財致富的機會。

私有財產的積累，又促進了匈奴社會內部的階級分化。《史記．匈奴列傳》謂：匈奴「得人以為奴婢」；又謂：「坐盜者沒入其家。」又謂匈奴單于死，「近幸臣、妾從死者，多至數千百人」。這些史料很清楚地說明當時匈奴人把戰爭中捕獲的俘虜變成奴隸，也把本族罪犯的家屬變成奴隸，而匈奴貴族則是最大的奴隸所有者。

顯然匈奴人的社會已經從原始公社制向階級社會過渡，但匈奴人的社會經濟結構中仍保存着許多原始的經濟形態。《史記．匈奴列傳》謂匈奴人長期過着遊牧生活，「隨畜牧而轉移」，「逐水草遷徙」。部落「各有分地」，土地和牧場的私人所有還不存在。從部落貴族到一般成員，都靠畜牧為生，主要的牧畜有馬、牛、羊、驢和橐駝等。有些部落還靠狩獵補充生活資料。

《史記·匈奴列傳》又說：匈奴人「毋城郭常處耕田之業」。好像當時的匈奴人完全不知農業。近來在蒙古地區發現了磨穀的石磨，證明有些靠近長城的匈奴人也種植一點穀物。

考古發現還證明，公元前三世紀以前，匈奴人已經知道鑄銅。被發現的銅器中常見的是銅罐，還有一種具有特殊風格的鏤空花紋的銅飾牌，花紋的主要圖案是動物格鬥和以動物的頭角蹄等組成的圖案，也有幾何花紋。公元前三世紀，匈奴人已經知道冶鐵。被發現的有鐵刀和鐵柄小矛。分工相當細緻，氈罽、兵器、馬飾、陶器，似乎都有了專門的手工業。他們也知道製造車子，最近在蒙古地區發現一種用牛拉的篷車，大概是在遷徙時用於轉運帳篷和日用工具的。但匈奴貴族所用的奢侈品，主要還是從與中原地區進行交換得來的。

跟着勞動分工和私有財產的發展，特別是頻繁的戰爭，部落首領和貴族在部落生活中所起的作用日益重要。在秦王朝時期，部落的權力已經集中到一些富有的氏族貴族手中，形成了一個以單于為首的貴族集團。被稱為天的兒子的單于，已經不由各部落首領選舉，變成了攣鞮氏這一氏族世襲的職位。①其他的貴族也是由幾個指定的氏族首領世襲的。《史記·匈奴列傳》謂「諸大臣皆世官，呼衍氏、蘭氏，其後有須卜氏，此三姓其貴種也」。以單于為首的貴族集團，他們掌握部落的公共財產、武裝指揮權、裁判權，並主持祭祀。氏族公社崩潰了，代之而起的是軍事民主制。

一夫多妻制和原始血緣婚還存在。正像《史記·匈奴列傳》所說的：「父死，妻其後母。兄弟死，皆取其妻妻之。」大規模的氏族祭祀還被保存。《匈奴列傳》說到匈奴人每年「五月，大會蘢城，祭其先、天地、鬼神」。有自己的語言，沒有文字。

這一切都說明了在秦王朝時期的匈奴人已經走到了階級社會的邊緣。他們已經形成了部落聯盟，但尚未形成完整的部落國家。

分佈在蒙古草原東部，東至遼東的一些部落，古史上統稱為東胡。東胡與中原地區的接觸也很早。春秋初葉，它們就以山戎等部落的名稱見於史冊。《左傳》莊公三十年（前六六四）有「齊人伐山戎」的記載。《傳》云：「以其病燕故也。」《史記》、《管子》都有類似的記載。在《管子·小匡》的記載中，除了山戎以外，還提到屠何、令支、孤竹、濊、貉等部落的名字，證明春秋時的東胡已經分化為許多部落。

戰國時期，山戎之一部似已西徙山西腹部；但大部分仍在蒙古草原的東部。《史記·趙世家》曾經兩次說到東胡在趙國的東邊。

東胡在戰國時逐漸強盛，成為燕國的威脅。以後燕將秦開破東胡，東胡卻千餘里。燕國又在它的北邊築了一條長城，西起造陽，東至遼東，堵住了東胡進入中原的道路。東胡在南進中遇到了抵抗，就向蒙古草原中部發展。在秦王朝時代，它們侵佔了匈奴與東胡之間的無人地帶，即所謂甌脫地，掠奪匈奴的馬匹和婦女，成為匈奴人的威脅。以後被匈奴單于冒頓打敗，退入蒙古東部的山地，分化為更多的部落。

據史籍所載，東胡與匈奴同種，他們的風俗、官號和匈奴大抵相同。和匈奴一樣，東胡也是以遊牧為生，有些部落還以狩獵為生。解放以後，在遼寧境內的不少地方發現了屬於東胡早期的文化遺存，時間相當於戰國時期。在這些文化遺存中，有大量的銅製兵器、手工工具、馬具和裝飾品等。如有雙側曲刃青銅短劍、雙翼倒刺青銅鏃、青銅盔、長胡三穿銅戈、斧、鑿、錐、刀及各式銅牌等。還有少量鐵器。從這些遺物的器形和紋飾看，顯然和匈奴文化有密切關係；但也明顯地受到中原文化的影響。

和秦人關係最密切的是西戎。早在西周時期，西戎就和秦人一起由今甘肅進入陝西，以後又東徙中原。根據《左傳》的記載，在周平王東遷雒邑時，伊水流域已有被髮野祭的戎人。②

到了春秋時期，西自甘肅，東至伊雒之間，到處都有西戎部落。渭水上游有邽冀之戎，洛川有大荔之戎，渭南有驪戎，伊雒之間的揚拒、泉皋之戎，潁水上游有蠻氏之戎。其後陸渾之戎，東遷伊水流域；允姓之戎，遷於渭汭，東及轘轅。在黃河以南，伊雒之間，還有伊雒之戎。在這些戎人中，伊雒之戎最為強大，它們曾一度攻佔周的首都雒邑，有些部落並沿着黃河東徙，進入今河南東北和山東西南，成為當時曹、宋、魯等國的威脅。

春秋中葉以後，秦、晉、楚強大，陝、甘境內的西戎都和秦人同化了。進入中原地區的西戎，也受到了中原文化的威脅，到戰國時期，都和古代中原的居民同化了。

遊牧於今甘肅東南和廣漠的青海草原的一些部落，古史上統稱為西羌。羌人原來的活動地區在今青海東北，黃河和湟水河谷之間。公元前四世紀，秦國的勢力發展到渭水上游，有些羌人部落被迫向青海草原西南移動，遠徙於賜支河曲西數千里以外的地區；另外有些部落進入今四川西北松潘一帶的山地。這些羌人部落，後來分化為更多的種族。「或為氂牛種，越巂羌是也；或為白馬種，廣漢羌是也；或為參狼種，武都羌是也。」③留在湟水河谷的羌人，統稱為研種，也分化為二十幾個部落。

羌人的社會比匈奴人更為原始。部落之間，沒有分地，土地的氏族所有還不存在。他們以遊牧為主要的生活方式，有些還靠射獵為生。

有些羌人部落，還停留在母系氏族階段。「氏族無定，或以父名母姓為種號。」部落有酋豪，沒有形成部落聯盟，也沒有共同的首領。它們「不立君臣，無相長一，強則分種為酋豪，弱則為人附落」。沒有保護私有財產的法令，除了「殺人償死，無它禁令」。階級分化不明顯，沒有任何徭役制度。

在蒙古草原與青海草原之間，綿亙着一條由西北而東南的祁連山脈，這條山脈把這兩個大草原切開，並且形成了一條由中原地區通向西北的走廊。在秦王朝時期或者更早，居住在這個走廊地帶的是大月氏。大月氏後來受到匈奴人的壓迫，有一部分西逾蔥嶺，遠徙中亞；另一部分向南移動進入湟水河谷與諸羌雜居。月氏胡的飲食言語，略與羌同，亦以父母姓為其部落的種號。

分佈在中國西南山嶽地帶的最早的居民，古史上統稱為蠻、濮。蠻、濮族類繁多，故亦稱群蠻、百濮。

早在殷代就有一些南蠻部落進入中原，史稱荊蠻，這些被稱為荊蠻的南蠻部落，後來建立了楚國，在春秋戰國長期的歷史過程中，楚人已經完全和中原地區的居民同化了。但還有很多蠻、濮部落，一直到秦王朝時，還是處於歷史上的未開化階段。在這些蠻、濮部落中，和秦王朝關係最密切的是巴人和蜀人。

巴人分佈在巴水流域山谷之間，有很多部落。據《華陽國志·巴郡》的記載：「其屬有濮賨苴共奴獽夷蜑之蠻。」各部落皆有自己的首領，但沒有共同的君長。這些部落的人民都居住在洞穴裡，以狩獵為生。它們把白虎當作共同的圖騰，有人祭的野蠻風俗。

巴人分佈地區接近秦楚，早在春秋初，巴人和楚人就有了接觸，以後又和秦人有了來往，他們從楚人秦人間接受到了中原文化的影響。到戰國時期，巴人已經不是原始的獵人，而是很好的農夫。史載秦惠王併巴中（前三一六）以後，向巴人徵收的貢納中，有幏布和雞羽。又載秦昭王（前三〇六—前二五一在位）與巴郡夷人的盟約中有「復夷人頃田不租，十妻不筭」④兩條。這些史料説明了當時的巴人已經有了土地私有制，知道織布和養雞。同時也説明他們的婚姻是一夫多妻制。

蜀人分佈在今四川西部成都平原。早在公元前四七五年，蜀人和秦人就有了往來。到了公元前三一六年，秦滅蜀，蜀人的分佈區併入了秦國的版圖。由於成都平原的優越地理條件，蜀人很早就從事農業生活。《華陽國志．蜀志》謂蜀王杜宇「教民務農」。又説：「其相開明，決玉壘山以除水害。」這些傳説表明了戰國初，蜀人已經知道利用人工灌溉進行農耕。同書又説：蜀侯蠶叢「死，作石棺石槨，國人從之」。近年在四川西部岷江上游及其支流雜谷腦河兩岸的山坡上發現了很多石棺葬，可能是古蜀人的墓葬。有些石棺葬墓中發現的殉葬物中有陶器、銅器和漢初的錢幣，證明秦漢之際，蜀人已經知道製作銅器。

在今貴州、雲南境內，還有許多蠻、濮部落，《史記》上統稱為西南夷。在公元前四世紀末，西南夷中的滇國已經和楚國發生了關係。《史記．西南夷列傳》謂楚威王時（前三三九—前三二九），「使將軍莊蹻將兵循江上，略巴蜀、黔中以西」。西南至於滇池，並「以兵威定屬楚」。後來秦國從楚國手中奪取了巴、黔中，斷絕了莊蹻的歸路，莊蹻因「以其眾王滇」。秦國佔領了巴、黔中以後，和西南諸部落發生了關係。《史記．西南夷列傳》說：「秦時常頞略通五尺道，諸此國頗置吏焉。」

分佈在東南沿海地區和沿海一帶島嶼上的最早居民，古史上統稱為百越之族。百越之族有着共同的習俗，他們都是「被髮文身，錯臂左衽」。⑤也有着共同的文化特徵，考古發現證明，在東海沿海發現的新石器文化，都是印文陶和梯形、方形的有段石錛。在廣東西部和海南島還大量發現雙肩石斧，這些都是越人的文化特徵。

居住在長江三角地帶的越人由於接近中原地區，有優先的機會接觸比較高級的文明，早在殷代已經進入青銅器時代，他們開始了定居的農業生活，有些越人也從事漁業。

在吳王夫差的統治年代中，吳國的勢力發展到淮河流域，北至今山東南部。

和吳國同時，分佈在錢塘江流域的越人也形成了越國。公元前四七三年，越王勾踐滅了吳國，盡有吳國故地。到公元前三〇六年，越國又為楚國所滅。以後越人散亡，服朝於楚。公元前二二三年，王翦滅楚，定江南，降百越，吳越兩國的領土，又從楚國轉入秦人手中，變成了秦國的會稽郡。

除了吳越以外，還有許多越族部落分佈在東南沿海。分佈在甌江流域的越人，史稱甌越，亦稱東甌；分佈在閩江流域的越人，史稱閩越；分佈在珠江下游及今廣東東部的越人，史稱南越；分佈在今廣東西南、廣西和海南島一帶的越人，史稱駱越，亦稱西甌。這些部落的居民在很早就和楚國有了直接或間接的接觸。《史記．楚世家》謂楚之先王熊渠曾興兵伐揚越。又謂楚悼王（前四〇一—前三八一）「南平百越」。這些記載證明了楚國的勢力已經伸入越人地區。

自公元前二二三年秦滅越，今日江蘇浙江地區的越人，基本上與中原地區的居民同化了。更後秦滅閩越，最後，秦滅南越、駱越，從此福建廣東地區的越人，也在中原文化影響之下，逐漸進入了歷史上的文明時代了。

注釋：

① 《漢書·匈奴傳》（上）：「單于姓『攣鞮氏』，其國稱之曰『撐犁孤塗單于』。匈奴謂天為『撐犁』，謂子為『孤塗』，『單于』者，廣大之貌也，言其象天單于然也。」

② 《左傳》：僖公二十二年：「初，平王之東遷也，辛有適伊川，見被髮而祭於野者，曰：『不及百年，此其戎乎？其禮先亡矣。』秋，秦、晉遷陸渾之戎於伊川。」

③ 《後漢書·西羌傳》，以下引本傳不再注。

④ 《後漢書·南蠻西南夷列傳》。

⑤ 《戰國策·趙策二》：「被髮文身，錯臂左衽，甌越之民也。」

第三節　秦王朝與亞洲諸國的關係

當秦王朝的亞洲東部遼闊的土地上建立起一個強大的封建專制主義國家的時候，世界上最大多數的人民還是生活在歷史上的野蠻時代，只有極少數進入了奴隸制時代。

在公元前三世紀末，秦帝國是世界上最先進的國家，秦帝國的建立及其活動，推動了中國歷史的發展，也對當時的亞洲起了文明的先導作用。它發展了和鄰近各國之間的關係，打破了東方世界的原始閉塞性，替後來兩漢時期各國之間更廣泛更頻繁的接觸創造了條件。

秦帝國最近的鄰國是朝鮮，朝鮮和中國的往來很早。根據《史記·朝鮮列傳》的記載：「自始全燕時，嘗略屬真番、朝鮮，為置吏，築鄣塞。秦滅燕，屬遼東外徼。」同書又載，當秦王朝時，浿水以南，有一大片無人居住的甌脱之地，史稱「秦故空地」。秦帝國曾在這空地上築有「上下鄣」，這片空地和空地上的鄣塞，後來被燕人衛滿利用作為他在朝鮮建立衛氏王朝的根據地。①假如當時的浿水是指現在的鴨綠江，則秦帝國的「上下鄣」就築在鴨綠江的南岸了。②

中國和朝鮮更頻繁的接觸是在秦帝國滅亡的時候。出現在秦末中國大陸的驚濤駭浪，曾經衝擊了當時的朝鮮半島。史載居住在當時齊、燕、趙即今日山東和河北北部一帶的秦人，因為逃避苦役和戰亂，亡命朝鮮者數萬人。③這些亡命朝鮮的秦人，大部分居住在當時浿水南岸的無人地帶。有些甚至轉徙到朝鮮半島南部古韓國地區。亡命浿水南岸的秦人，後來被燕人衛滿利用，覆滅了朝鮮王箕準的統治，在朝鮮半島的西北部建立了一個衛氏王朝。被衛滿推翻的朝鮮王準又率其餘眾數千人，從海道攻佔朝鮮半島南部的馬韓，並宣佈自己為韓國國王。④至於南徙朝鮮半島南部的秦人，他們後來定居在古辰韓地區。史載古辰韓的言語中，有不少秦語的詞彙。又說：辰韓亦稱秦韓。⑤這些都説明了發生在秦末的中國大陸的歷史事變在朝鮮半島引起了不小的政治風浪。

衛滿王朝以前的朝鮮，中國史籍記載不詳。根據僅有的史料透露出來的消息是，當時朝鮮人民，已經知道耕田養蠶，過着定居的農業生活。私有財產以及由此而引起的階級分化已經確切存在。破壞私有財產的人要受到法律的處分。男子沒入為家奴，女子為婢。奴婢可以贖回自己的自由，「欲自贖者人五十萬」。史稱朝鮮「婦人貞信」，這又表明原始婚姻形態已不復存在。⑥在政治方面，已經形成了部落聯盟或國家。

有國王，國王是世襲的。⑦

居住在現在中印半島東北部的最早的居民，中國史上稱之為駱越，又稱甌駱，或稱西甌駱。

根據史籍記載，在秦或者更早的時期，甌駱人的社會已經進入了部落聯盟或者部落國家的歷史階段。《史記·南越列傳》索隱引姚氏案《廣州記》云：「交趾有駱田，仰潮水上下，人食其田，名為『駱人』。有駱王、駱侯，諸縣自名為駱將，銅印青綬，即今之令長也。」又《水經·葉榆河注》引《交州外域記》云：「交趾昔未有郡縣之時，土地有雒田，其田從潮水上下，民墾食其田，因名為雒民。設雒王、雒侯主諸郡縣，縣多為雒將，雒將銅印青綬。」從這些史料可以看出在秦人侵入以前，駱越已分化為許多氏族，氏族有長，稱駱將。氏族之上有部落，部落之長稱駱侯。部落之上有部落聯盟或國家，有共同的首領，稱為駱王。

從駱王、駱侯到駱將，構成了等級的從屬關係。這裡的人民大半從事農業，過着定居的村落生活。他們已經知道利用潮水的漲落灌溉田地，種植穀物。

在秦王朝時期，甌駱人民受到了來自中國大陸的風暴的襲擊。根據中國史籍的記載，公元前二一四年，秦始皇派遣了五十萬人組成的一支龐大的軍隊，在尉屠睢的指揮之下，分五路南取百越之地。這支軍隊以絕對的優勢壓服了居住在今福建的閩越和居住在今廣東的南越，順利地把帝國的疆域向東南推到了中國大陸的盡頭，接着便推進到甌駱的地區。

進攻甌駱的戰爭，不像進攻閩越和南越那樣順利。在這裡，秦帝國的軍隊遇到了甌駱人民的頑強抵抗，還有糧食補充的困難，以致三年不得解甲弛弩。後來鑿通了聯結湘水和灕水的運河靈渠，解決了糧食運輸的問題，才打破這種相持的局面。在這次戰爭中，秦軍擊敗了甌駱的主力軍，殺了西甌國王譯吁宋，在甌駱人的土地上建立了秦帝國的象郡。但是，甌駱人並沒有因此而停止抵抗，他們退入森林地帶，重新推舉出自己的首領，繼續襲擊秦軍。在一次夜襲中，大敗秦軍，殺死秦軍統帥尉屠睢。為了鞏固對甌駱的軍事佔領，以後秦帝國派出了增援的部隊，加強了這裡的衛戍。⑧

公元前二一〇年，秦始皇死，帝國在甌駱的統治似乎結束了，代替秦帝國的統治而出現於甌駱人土地上的是蜀王朝。建立蜀王朝的安陽王，打敗了秦帝國留在甌駱的衛戍部隊，征服了甌駱的侯王，建立了自己的統治。史載安陽王曾經先後和秦帝國的南海尉任囂、趙佗發生過戰爭。任囂沒有在戰爭中取得勝利就死了，他的助手趙佗繼續與安陽王作戰。公元前二〇八年，趙佗擊敗了安陽王，從蜀王朝手中奪取了甌駱的土地，並且在這裡建立交阯、九真二郡。⑨這時秦已滅亡，趙佗已自立為南越王。《史記·南越列傳》曾經説到趙佗在呂后死後，「以兵威邊，財物賂遺閩越、西甌駱，役屬焉」。這個史料説明了直到呂后死後，趙佗還控制着甌駱。趙佗役屬甌駱的情況不清楚。他在公元前一七九年寫給漢文帝的信上有「其東閩越千人眾號稱王，西甌駱、裸國亦稱王」等語。可見在趙佗的佔領時期，甌駱仍保有自己的政治組織，趙佗只是通過駱王向甌駱人民徵收貢納而已。

日本，對於秦人來説，還是浮現在虛無縹緲的大海中的一個神仙之國。但是從戰國以來，這個神仙之國就以蓬萊、方丈、瀛州三神山的名字，為燕、齊的方士所稱道。公元前二一九年，秦始皇曾經派遣了一個以徐市為首的、由青年男女幾千人組織成的探險隊，去尋找三神山。但徐市所率領的探險隊一去不返，他們也許到達了三神山，也許沒有到達。⑩

當秦王朝的活動在東方世界激起一系列的歷史事變時，西方世界的歷史浪花也飛濺到中國西部的邊疆，拍擊着帕米爾高原西部的山峰。

早在公元前四世紀末，由於馬其頓帝國向東方的擴張，在中亞曾經引起很大的變化。那時馬其頓的軍隊，在他的國王亞歷山大（前三三六—前三二三在位）指揮下，於公元前三三〇年打敗了波斯，次年征服了大夏（即巴克特利亞）。又從大夏轉向印度的五河地區，征服了以前被波斯征服過的犍陀羅和印度西北地區的一些城市。亞歷山大幾乎使整個中亞向他屈膝。馬其頓帝國在中亞和印度西北地區的統治，不久就瓦解了。在秦王朝的統治時期，出現在遼闊的中亞土地上的是一些獨立國家，其中最大的是亞歷山大的部將塞琉哥在敘里亞與巴比倫建立的塞琉西王朝。此外，阿薩息斯（前二四九—前二四七在位）也推翻了希臘人的統治，建立了安息（即帕提亞王國）。衛戍大夏的將軍狄奧多德一世（前二五〇—前二三〇在位），也擺脫了塞琉哥王的統治，在巴克特拉宣佈獨立。馬其頓帝國雖然瓦解，但由馬其頓人帶去的希臘文化，在中亞和印度西北地區仍然起着影響作用。

早在公元前三世紀初，印度就出現了一個孔雀王朝（約前三二一—約前一八五）。這個王朝排除了希臘人的勢力，結束了印度歷史上的列國時期（約前五五〇—前三二一），建立了一個強大的奴隸制國家。這個國家的領土，包括全部北印度和阿富汗俾路支的大部分。當秦王朝統一中國的前夕，還是孔雀王朝全盛時代的後期。當時統治這個奴隸制國家的是有名的阿育王或稱無憂王（約前二六九—前二三二在位）。阿育王繼續征服了羯陵伽國，把羯陵伽國以南的安度羅也變成了它的屬領。他幾乎征服了全印度，只有印度極南部諸部落國家還保持獨立。但這樣的時期不長，阿育王的繼承者，就只能守恆河中游摩揭陀國一帶的地方。

從印度社會產生的佛教文化，在阿育王時期開始廣泛傳播。佛教產生在奴隸制經濟的高漲時期，在思想上是和婆羅門與種姓制度對立的。它反對那種阻礙印度社會向前發展的婆羅門教和階級支配的種姓制度，阿育王曾在華氏城召集了傳播佛教的集會，並將他對宗教的詔書刻在被稱為窣堵波的石柱上。

在秦王朝統治時期，中國和中亞諸國及印度有沒有接觸，不能得到確切的證明。根據史籍的記載推測，間接的接觸是很有可能的。《史記·大宛列傳》載：張騫從西域回國後，向漢武帝所作的報告中曾說到他在大夏時，看到邛竹杖和蜀布。據大夏人說，邛竹杖和蜀布是他們從印度買來的。[11]這個史料，說明了早在張騫到大夏之前，中國的織物和工藝品已經出現在中亞的市場。也說明了在張騫鑿通西域之前，在中國的西南已經有了一條經由緬甸、印度通達中亞的商路。據張騫在同一報告中說，昆明之西可千餘里的乘象國，名曰滇越。當時四川的商人和滇越有交換關係。[12]四川的商品可以到達緬甸和印度。再經緬甸、印度等國的商人之手，輾轉運至中亞諸國。不論當時的中國和中亞諸國是否已經發生直接或間接的接觸，但秦帝國的聲威，已經遠播中亞；特別是靠近中國西部邊疆的一些國家，則是可以肯定的。直到漢武帝時，大宛國人仍稱中國為秦人。[13]這就是一個最好的證明。

〔附記〕

一九六〇年秋，翦老着手改寫舊著《中國史綱》第二卷（秦漢史），至次年春，寫完第一編第一章的三節。後因主編《中國史綱要》，此改寫工作中輟，直到去世。本文的第一、二節與第三節先後發表於王仲犖主編《歷史論叢》第二輯（一九八一年）、第三輯（一九八三年）。

張傳璽

注釋：

①《史記》卷一一五《朝鮮列傳》：「漢興……燕王盧綰反，入匈奴。滿亡命，聚黨千餘人，魋結蠻夷服而東走出塞，渡浿水，居秦故空地上下鄣，稍役屬真番、朝鮮蠻夷及故燕、齊亡命者，王之，都王險。」

②《史記·正義》引《地理志》云：「浿水出遼東塞外，西南至樂浪縣，西入海。」按《史記·朝鮮列傳》所說的浿水，流經樂浪，又西入海，與今鴨綠江的地望和流向相符。

③《史記》卷一一五《朝鮮列傳》謂衛滿侵入朝鮮時，在浿水以南秦故空地上下鄣，已有「故燕、齊亡命者」居住在那裡。《後漢書》卷一一三《東夷列傳·濊》亦云：「漢初大亂，燕、齊、趙人往避地者數萬口，而燕人衛滿擊破准而自王朝鮮。」

④《後漢書》卷一一五《東夷列傳·韓》：「初，朝鮮王准為衛滿所破，乃將其

餘眾數千人走入海，攻馬韓破之，自立為韓王。」

⑤ 同上傳云：「辰韓耆老自言秦之亡人，避苦役，適韓國，馬韓割東界地與之。其名國為邦，弓為弧，賊為寇，行酒為行觴，相呼為徒，有似秦語，故或名之為秦韓。」

⑥《後漢書》卷一一五《東夷列傳．濊》：「昔武王封箕子於朝鮮，箕子教以禮義，田蠶，又置八條之教。其人終不相盜，無門戶之閉，婦人貞信，飲食以籩豆。」李[賢]注引《三國志．魏書》曰：「箕子教以八條者，相殺者以當時償殺，相傷者以穀償，相盜者，男沒入為其家奴，女子為婢，欲自贖者人五十萬。」《音義》曰：「八條不具見也。」

⑦《後漢書》卷一一五《東夷列傳．濊》集解引惠棟曰：「《魏略》云，『准，朝鮮王否之子。』」

⑧《淮南子》卷一八《人間訓》云：「又利越之犀角、象齒、翡翠、珠璣，乃使尉屠睢發卒五十萬為五軍，一軍塞鐔城之嶺，一軍守九疑之塞，一軍處番禺

之都，一軍守南野之界，一軍結餘干之水，三年不解甲弛弩。使監祿無以轉餉，又以卒鑿渠而通糧道，以與越人戰。殺西嘔君譯吁宋，而越人皆入叢薄中，與禽獸處，莫肯為秦虜。相置桀駿以為將，而夜攻秦人，大破之，殺尉屠睢，伏屍流血數十萬。乃發適戍以備之。」《史記》卷一一二《平津侯主父列傳》、《漢書》卷六四上《嚴助傳》、下《嚴安傳》均有類似的記載。

⑨ 《史記》卷一一三《南越列傳》《索隱》引姚氏案《廣州記》云：「後蜀王子將兵討駱侯，自稱為安陽王，治封溪縣。後南越王尉佗攻破安陽王，令二使典主交趾、九真二郡。」又《水經．葉榆河注》卷三七引《交州外域記》亦云：「後蜀王子將兵三萬來討雒王雒侯，服諸雒將，蜀王子因稱為安陽王。後南越王尉佗舉眾攻安陽王。」

安陽王事亦見《大越史記》。《大越史記．外記》卷一有云：「安陽王在位五十年，王諱泮，舊史云姓蜀，巴蜀人也。」按在位五十年不可靠。同書又云，辛卯，秦始皇三十七年（前二一〇），秦始皇崩於沙丘，任囂、趙佗帥師來侵，佗駐軍北江仙遊山，與王戰……佗敗走。時任囂將舟師在小江染病，以軍傳佗，佗退守武寧山，通使講和。王喜，乃分平江，以北佗治之，以南王治之。佗遣子仲始求婚王女媚珠，許之。又云，癸巳，秦二世胡亥二年（前二〇八），南海尉趙佗復來侵，安陽王敗走，自溺死，蜀亡。按最近在廣州附近發現了「安陽行寶」的玉簡一枚。在這個玉簡正面，刻有六十甲子，字體近似甲骨文。背面無字，刻有五個捲舒紋，考古學家懷疑這個玉簡是秦漢之際安陽王遺物，被趙佗掠奪，遺留下來的。

⑩ 見《史記》卷六《秦始皇本紀》二十八年及《史記》卷二八《封禪書》。

⑪ 《史記》卷一二三《大宛列傳》云：「臣在大夏時，見邛竹杖、蜀布。問曰：『安得此。』大夏國人曰：『吾賈人往市之身毒。』身毒在大夏東南可數千里，其俗土著，大與大夏同，而卑濕暑熱云。其人民乘象以戰，其國臨大水焉。以騫度之，大夏去漢萬二千里，居漢西南，今身毒國又居大夏東南數千里，有蜀物，此其去蜀不遠矣。」

⑫ 《史記》卷一二三《大宛列傳》云：「昆明之屬無君長……然聞其西可千餘

里，有乘象國，名曰滇越，而蜀賈奸出物者或至焉。」

⑬《史記》卷一二三《大宛列傳》，謂李廣利伐大宛，「聞宛城中新得秦人，知穿井」。

第四節　對秦始皇如何評價

在我看來，秦始皇是中國封建統治階級中的一個傑出的人物。我說秦始皇是中國封建統治階級中的一個傑出的人物，不是因為他是一個王朝的創立者，而是因為他不自覺在順應了中國歷史發展的傾向，充當了中國新興地主階級開闢道路的先鋒，在中國歷史上，消滅了封建領主制，開創了一個中央集權的封建專制主義的新的歷史時代。

封建專制主義和封建領主制，在本質上同是封建主義。但從封建領主制走向封建專制主義，則是封建社會向前發展中最大一步的前進。這一步前進的歷史實質，是農奴制的被廢除。

當然，封建專制主義的創立，不應完全歸功於秦始皇個人的雄才大略。它是春秋戰國以來社會生產力長期發展以及由此而導致的封建領主經濟走向崩潰的結果，主要是中國土地所有權從封建貴族世襲所有制向新興地主階級私人所有制的轉化在政治上的表現形式。土地所有關係的這一改變，改變了農民和土地所有者的生產關係，它使農奴式、半農奴式的農民變成了小塊土地的所有者；它挖空了封建領主政治的經濟基礎，剝奪了封建領主藉以剝削農民的物質條件；同時也替封建專制主義國家準備了建築的基地。可以這樣說，秦國的統一，不是由於別的甚麼原因，而是歷史的進程使封建專制主義的原則在當時的中國佔了優勢。但是這裡所說的優勢，是指的歷史的傾向性，而要使這種歷史的傾向性變成現實的歷史，還要經過人的努力。秦始皇正是這樣一個人，他把這種歷史傾向性變成了現實的歷史。因此，我們不能說，秦始皇在這一歷史的變革中，沒有起過任何作用。

提起秦始皇，就會在我們面前出現一個專制皇帝的陰影。的確，秦始皇是一個典型的專制皇帝，他毫不隱諱要把一切的權力集中到自己的手中，要把自己變成人間的上帝。但是正像我們不能把封建專制主義的創立，完全說成是他個人的功勞一樣，也不能把專制獨裁完全說成是他個人的個性。應該說秦始皇的專制獨裁，實際上是以他為首的新興地主階級的階級專政的表現形式。

任何階級，當他要奪取政權的時候，都要集中權力。新興的地主階級也不例外。史實證明，在戰國末葉，以六國國王為首的舊貴族，雖然已經臨於末日，但他們還在用一切的力量，政治的、軍事的乃至卑劣的暗殺活動，來作最後的掙扎，企圖抵抗歷史的新傾向，保護他們垂危的腐朽的統治。在這種情況下，如果新興地主階級不集中權力，組織並指揮自己的武裝去粉碎封建貴族的反抗，舊貴族是不會自動走下歷史舞台的。秦始皇執行了這個歷史使命。他以秦國為據點，向六國舊貴族進行了毀滅性的討伐，在秦國軍隊的面前，六國國王的王冠一齊滾到地下。在覆滅六國以後，秦始皇又下令，「墮壞城郭，決通川防，夷去險阻」，把舊貴族藉以鞏固封建割據的物質條件加以徹底的摧毀。他就像一個清道夫，把暴力當作一把掃帚，在黃河南北的大平原中進行了一次歷史性的大掃除，使封建領主制留下來的殘餘一掃而光，然後在六國的廢墟上建立起新興地主階級專政的封建專制主義國家。

建立封建專制主義國家這件事，是歷史向秦始皇提出的新問題，因為在當時，不但中國不曾有過，全世界也不曾有過封建專制主義制度。秦始皇是在沒有任何範本可以借鑒的情況下，首創這一制度的。

要建立一個封建專制主義國家，必須有一套全新的政治、經濟和文化制度。當然最重要的是經濟制度，特別是土地制度。秦始皇首先下令「使黔首自實田」，用命令把土地私人所有制從秦國推廣到以前在六國統治下的地區，這就替新興地主階級的全國規模的階級統治奠定了基礎。在政治體制方面，他宣佈了廢封建為郡縣，建立了以皇帝為首的中央集權的專制主義的政治制度。此外，又統一度量衡，統一車軌，統一文字。所有這些，都是開創性的歷史活動。

僅僅次於消滅封建領主制，秦始皇又第一次在中國土地上建立了一個大一統的國家。據史籍所載，秦始皇的國家，「西至臨洮、羌中」，「北據河為塞，並陰山至遼東」，東南到了中國大陸的盡頭。此外，秦始皇又開五尺道以通滇黔，鑿靈渠，分湘江之源以通嶺南。這樣就打通了從中原通達西南和嶺南等邊遠地區的道路，突破了這些地區諸民族的原始閉塞性，使得當時的許多落後地區有機會接觸中原的文化，並且逐漸加入了封建主義的經濟和文化體系之中。這對中國歷史的全面發展起了很大的推動作用。

為了統治這樣一個從來沒有的大國，特別是為了保衛黃河流域的城市和農村免於匈奴人的蹂躪，秦始皇在他的國家的北邊連接並延長舊有的燕、趙、秦長城，成為屏障北方的一條圍牆，又沿着這條長城建築了很多亭障。也是為了這個目的，他又塹山堙谷，修築了一條從咸陽附近通達九原的直道。同時又在全國範圍內修築馳道，東窮燕齊，南極吳楚，把重要軍事據點貫通起來。對於秦始皇所做的這些工作，我以為是不應該受到譴責的。

應該受到譴責的是秦始皇大修宮殿和墳墓。據說秦始皇所修的宮殿，關中三百，關外四百餘，其中最有名的是阿房宮。又用刑徒七十二萬人穿驪山作陵。在宮殿中都有鐘鼓美人。但是從秦始皇歷年的巡遊看來，他並沒有躺在他的宮殿裡去享受鐘鼓美人。他在統一中國以後的十二年中（前二二一—前二一〇）前後出巡五次，幾乎走遍了他的國土。看來，他的大部分時間都是在旅途中度過的。

秦始皇把中國的歷史從封建領主制推到封建專制主義，應該說有他的功勞。因此封建社會的這一發展，意味着農民對封建土地所有者的人身隸屬關係在一定程度上的放鬆，或者說是農奴制的廢除。但是從封建領主制到封建專制主義的道路，是用農民自己的屍骨鋪平的。在覆滅六國的殘酷的戰爭中，以及在後來無止境的土木徭役中，死亡的農民是不計其數的。農民用自己的鮮血，刷紅了阿房宮。但他們得到的報酬是一副新的枷鎖，新的剝削制度，新興地主階級的賦稅與徭役。因此，在農民看來，這不過是以暴易暴而已。

第五節　秦始皇焚書坑儒應如何理解

秦始皇用焚書坑儒的粗暴辦法對待文化思想問題，這件事是應該受到譴責的。但是這件事的發生，並不是秦始皇個人的偶然衝動，而是當時意識形態領域內的階級鬥爭，是新興地主階級反對殘餘的舊封建貴族的政治鬥爭在文化思想上的反映。秦始皇只是執行新興地主階級的階級使命而已。

這場意識形態領域內的階級鬥爭，不是從秦始皇統一天下以後才開始的。早在商鞅變法時，亦即新興地主階級在秦國取得政權時，就開始了這個鬥爭。《商君書》中《斬令》和《去強》都提出了詩書禮樂是病國之蝨的論點，主張毀滅它們，而且也確實毀滅過。《韓非子·和氏》說商君教秦孝公「燔詩書而明法令」，「孝公行之，主以尊安，國以富強」。據此，則商鞅變法時，秦國已經焚過詩書。商鞅變法在公元前三五九年，下距秦始皇焚書一百四十七年。

這場鬥爭，也沒有在秦朝結束。根據歷史記載，漢高祖除秦苛法，但保留了秦朝的挾書律。一直到惠帝四年（前一九一）才下令「除挾書律」。自商鞅變法之年至漢惠帝四年其間一百六十九年，儒家學說一直被新興地主階級當作敵對思想加以反對。當然，秦始皇焚書是這場鬥爭的高潮。

秦始皇不是在他統一天下以後，立即採取焚書坑儒的粗暴辦法來處理文化思想問題的。焚書是在統一天下後的第九年，坑儒是在統一天下後的第十年。在此以前，秦始皇對於文化思想所採取的措施是寬大的。《史記．秦始皇本紀》載始皇之言曰：「吾前收天下書，不中用者盡去之；悉召文學方術士甚眾，欲以興太平。」事實也是如此。秦始皇召集的文學方術之士的確很多，在他的周圍，有博士七十人，諸生以千百數，還有候星氣者三百人。秦始皇對於文學方術之士很尊重。博士備顧問，常在左右。《史記．秦始皇本紀》記載：二十六、三十四年，博士們在咸陽宮與丞相、御史大夫等中樞大臣一起參加政治體制問題的討論。始皇巡行郡國時也有博士隨行。例如始皇南遊至湘山祠，曾向隨行博士請教：「湘君何神？」至於方術之士，更受到始皇的信任。他說徐市求藥「費以巨萬計」，「盧生等吾尊賜之甚厚」。始皇對於不在咸陽的儒生，亦常引與論事，例如始皇東遊，上鄒嶧山，即曾與魯諸儒生議刻石、封禪、望祭山川之事。看來秦始皇真是想和這些文學方術之士，共興太平。始皇不僅對文學方術很重視，對於藝術也很感興趣。《史記·秦始皇本紀》謂「秦每破諸侯，寫放其宮室，作之咸陽北阪上」，由此可見，在始皇的軍隊中有畫家。

但是當時的文學方術之士，都是生長在戰國時代的人，他們誦法孔子或諸子百家之言，「人善其所私學」。因而秦始皇認為不中用的古典文獻，在他們看來，正是應該保存的；其所以應該保留，只是因為是古的。同時他們看不慣秦朝的新政，在他們看來，「事不師古而能長久者，非所聞也」。因此他們利用古典文獻，引經據典，反對秦朝的新政。正像李斯所說的：「今諸生不師今而學古，以非當世，惑亂黔首。」「人聞令下，則各以其學議之，入則心非，出則巷議，誇主以為名，異取以為高，率群下以造謗。」不僅口頭誹謗，還著書立說。《漢書·藝文志》縱橫家有《秦零陵令信》一篇，難丞相李斯，即其一例。雖然如此，秦始皇還沒有下令焚書。一直到博士齊人淳于越公開提出反對封建專制主義制度，主張恢復封建領主制的建議的時候，他才下令焚書。至於坑儒，則是因為盧生對秦始皇的政府大肆誹謗，而諸生在咸陽者又「或為謠言以亂黔首」，這已經超出了文化思想的範圍，變成了政治的煽動。

秦始皇結束了春秋戰國以來幾百年的封建貴族割據的局面，但是作為舊封建貴族意識形態的文化思想，並沒有隨着舊封建貴族的滅亡而立即消失其影響作用，因此在意識形態領域內的一場階級鬥爭是不可避免的。焚書坑儒正是這場階級鬥爭的最激烈的表現。當然，這場鬥爭使得先秦的古典文獻受到很大的損失，這是值得惋惜的。

責任編輯　梅　林
書籍設計　林　溪
責任校對　江蓉甬
排　　版　高向明
印　　務　馮政光

書　　名　秦朝簡史
叢 書 名　大家歷史小叢書
作　　者　翦伯贊
出　　版　香港中和出版有限公司
Hong Kong Open Page Publishing Co., Ltd.
香港北角英皇道四九九號北角工業大廈十八樓
http://www.hkopenpage.com
http://www.facebook.com/hkopenpage
http://weibo.com/hkopenpage
Email:info@hkopenpage.com
香港發行　香港聯合書刊物流有限公司
香港新界大埔汀麗路三十六號三字樓
印　　刷　美雅印刷製本有限公司
香港九龍官塘榮業街六號海濱工業大廈四字樓
版　　次　二〇二〇年三月香港第一版第一次印刷
規　　格　三十二開（128mm × 188mm）八〇面
國際書號　ISBN 978-988-8694-32-7